VENTE

Du Lundi 12 Décembre 1904

HÔTEL DROUOT, SALLE Nº **11**

à 2 heures 1/2

❋

TABLEAUX

MODERNES

COMMISSAIRE-PRISEUR

Mᵉ ANDRÉ COUTURIER

Succʳ de Mᵉ LÉON TUAL

EXPERTS

MM. J. CHAINE & SIMONSON

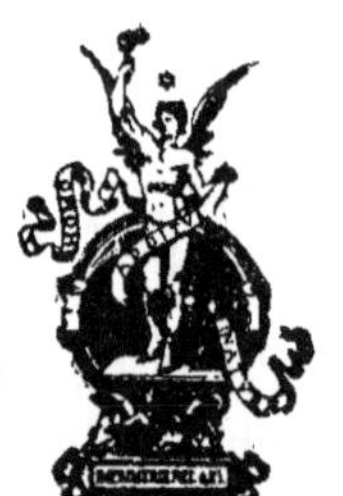

CATALOGUE

DES

TABLEAUX MODERNES

PAR

BAIL (J.), BOUCHÉ (A.), BONVIN (F.), BOUDIN (E.),
DAUBIGNY (C.-F.), DESBROSSES (J.), DUPRÉ (JULIEN), FOUACE (G.),
JACQUE (CH.), JAPY (L.), JONGKIND, LAMBINET,
LEBOURG, LE GOUT-GÉRARD, MOREAU-NÉLATON, NOZAL,
PALIZZI, TROUILLEBERT, ROUSSEAU (PH.),
VERBOECKHOVEN, VIGNON (V.), VOGLER, VOLLON (A.), ZIEM.

Aquarelles, Pastels, Dessins

PAR

ANDRIEUX, DOUCET, GUILLAUMIN, JACQUET (G.),
JONGKIND, MILLET (J.-F.), RIBOT (T.), ROCHEGROSSE, TEN-CATE
VIERGE, WORMS.

BRONZE, par HÉBERT

DONT LA VENTE AURA LIEU

HOTEL DROUOT, SALLE N° 11

LE LUNDI 12 DÉCEMBRE 1904

à 2 heures 1/2

COMMISSAIRE-PRISEUR	EXPERTS
Mᵉ ANDRE COUTURIER	**MM. J. CHAINE et SIMONSON**
Succʳ de Mᵒ LÉON TUAL	
56, rue de la Victoire, 56	19, rue de Caumartin, 19

Chez lesquels on délivre le Catalogue

EXPOSITION PUBLIQUE

Le Dimanche 11 Décembre 1904, de 1 h. 1/2 à 5 h. 1/2

CONDITIONS DE LA VENTE

Elle sera faite au comptant.

Les acquéreurs payeront *dix pour cent* en sus des prix d'adjudication.

Paris — Imp. de l'Art, E. Moreau et Cie, 41, r. de la Victoier

DÉSIGNATION

TABLEAUX

BAIL (Joseph)

1 — *Marmiton fumant une cigarette.*

Signé à droite.

Toile. Haut., 24 cent. 1/2 ; larg., 16 cent 1/2.

BERTHELON (E.)

2 — *Marine : Soleil couchant.*

Signé à gauche.

Toile. Haut., 38 cent.; larg., 61 cent.

BLUM (M.)

3 — *Soldat sous Louis XV.*

Signé à droite.

Bois. Haut., 24 cent.; larg., 14 cent.

BOUCHÉ (A.)

4 — *La Marne à Lusancy.*

Signé et daté à droite : 1902.

Toile. Haut., 33 cent.; larg., 46 cent.

BONVIN (F.)

5 — *Les Huîtres.*

Signé et daté à droite : *1865.*

Toile. Haut., 60 cent.; larg., 73 cent.

BONVIN (F.)

6 — *Outils de menuisier.*

Signé à droite dans le haut.
Daté : *1824.*

Rentoilage. Haut., 24 cent.; larg., 56 cent.

BOUDIN (E.)

7 — *Rue à Trouville.*

Signé à droite.

Bois. Haut., 27 cent.; larg., 36 cent.

BOUDIN (E.)

8 — *Etaples à marée basse.*

Signé à droite.

Toile. Haut., 37 cent.; larg., 59 cent.

BOUDIN (E.)

9 — *Navires à marée basse, dans un chenal.*

Signé à gauche.

Bois. Haut., 27 cent.; larg., 21 cent.

BOUDIN (E.)

10 — *Flottille.*

Signé à gauche.

Bois. Haut., 20 cent.; larg., 29 cent.

BOUDIN (E.)

11 — *Animaux à l'abreuvoir.*

Signé et daté à droite : *1871.*

Toile. Haut., 43 cent.; larg., 36 cent.

BRETON (E.)

12 — *Une Ferme.*

Signé et daté à droite : *83.*

Toile. Haut., 25 cent.; larg., 83 cent.

BRILLOUIN (G.)

13 — *Paysage dans les Deux-Sèvres.*

Signé à droite.

Bois. Haut., 27 cent.; larg., 35 cent.

DAUBIGNY (C.-F.)

14 — *Ile de Bezons.*

N° 28 du Catalogue de la vente faite après le décès du maître.

A droite, le timbre de la vente.

Bois. Haut., 23 cent.; larg., 33 cent. 1/2.

DESBROSSES (Jean)

15 — *L'Église de Saint-Raphaël.*

Signé à gauche.

Toile. Haut., 26 cent.; larg., 41 cent.

DUCHÈNE (Ch.)

16 — *Chiens savants.*

Signé à gauche.
Daté : *1894.*

Toile. Haut., 45 cent.; larg., 35 cent.

DUPRÉ (Julien)

17 — *Animaux à l'abreuvoir.*

Signé à gauche.

Bois. Haut., 46 cent.; larg., 55 cent.

FOUACE (G.)

18 — *Lièvre, faisan, bécasses, petits oiseaux, chaudron en cuivre, etc.*

Signé à gauche.

Toile. Haut., 81 cent.; larg., 1 m. 31 cent.

FOUACE

19 — *La Desserte.*

Signé à gauche.

Toile. Haut., 81 cent.; larg., 1 m. 31 cent.

FRÈRE (Th.)

20 — *Kiosque du Sultan Mahmoud, sur le Bos-
phore.*

Signé à gauche.

Bois. Haut., 22 cent. 1/2; larg., 37 cent.

INNOCENTI

21 — *Le Moine et la servante.*

Signé à droite.

Toile. Haut., 16 cent.; larg., 22 cent.

JACQUE (Ch.)

22 — *Animaux à l'abreuvoir, effet de lune.*

Toile. Haut., 56 cent.; larg., 46 cent.

JAPY (L.)

23 — *Le Moulin : Matinée de printemps.*

Salon 1888.
Signé à droite.

Toile. Haut., 1 m. 31 cent.; larg., 99 cent.

JAPY (L.)

24 — *Paysage : Effet d'automne.*

Signé à droite.

Bois. Haut., 46 cent.; larg., 32 cent.

JAPY (L.)

25 — *Marais en Picardie.*

Signé à droite.

Bois. Haut., 32 cent.; larg., 41 cent.

JONGKIND

26 — *Navire en rade.*

Signé à gauche.

Bois. Haut., 22 cent.; larg., 32 cent.

LAMBINET

27 — *Un Étang en Normandie.*

Signé à gauche.

Bois. Haut., 15 cent.; larg., 26 cent.

LAZERGES (Paul)

28 — *Un Gourbi.*

,Signé à gauche : *88.*

Bois. Haut., 26 cent.; larg., 34 cent.

LEBOURG (A.)

29 — *La Seine à Rouen.*

Signé et daté à droite : *1900.*

Toile. Haut., 50 cent.; larg., 74 cent.

LE GOUT-GÉRARD

3o — *La Piazetta et le Palais ducal.*

Signé à droite.

Toile. Haut., 46 cent.; larg., 39 cent.

LE GOUT-GÉRARD

3i — *Coin de marché à Vérone.*

Signé à droite.

Toile. Haut., 46 cent.; larg., 38 cent.

LIRA (P.)

3₂ — *Fillette.*

Signé à droite.

Toile. Haut., 46 cent.; larg., 38 cent.

MAISONEUVE

33 — *Coin du village.*

Signé à gauche.

Carton. Haut., 3i cent.; larg., 4i cent.

MARKS

34 — *Un Voilier.*

Signé à droite.

Haut., 35 cent.; larg., 3₂ cent.

METTLING

35 — *Buste de femme.*

Signé à droite.

Toile ovale. Haut., 28 cent.; larg., 24 cent.

MOREAU-NELATON

36 — *Église de campagne.*

Signé à gauche.

Toile. Haut., 55 cent.; larg., 46 cent.

NOZAL

37 — *Vallée de l'Eure, près Chartres.*

Signé à gauche.

Toile. Haut., 35 cent.; larg., 41 cent.

PALIZZI

38 — *Le Chevrier au milieu de son troupeau.*

Signé à droite.

Toile. Haut., 46 cent.; larg., 56 cent.

PILS

39 — *Tête d'Arabe.* Étude.

Cachet de la vente.

Toile. Haut., 25 cent.; larg., 18 cent.

RIBARZ

40 — *Un Quai en Hollande.*

> Bois. Haut., 34 cent.; larg., 40 cent.

ROUSSEAU (Ph.)

41 — *Citrons.*

> N° 9 du Catalogue de la vente après décès de l'artiste.
> A droite, le cachet.
>> Toile. Haut., 60 cent.; larg., 73 cent.

STEVENS (A.)

42 — *Marine.*

> Signé du monogramme à droite.
>> Bois. Haut., 16 cent.; larg., 11 cent.

TROUILLEBERT

43 — *Bord de rivière.*

> Signé à gauche.
>> Toile. Haut., 54 cent.; larg., 81 cent.

TROUILLEBERT

44 — *Bord de rivière.*

> Signé à droite.
>> Toile. Haut., 33 cent.; larg., 41 cent.

VERBOECKHOVEN (E.)

45 — *Cheval percheron.*

Signé à gauche.

Bois. Haut., 21 cent.; larg., 28 cent.

VIGNON (V.)

46 — *Le Clocher de Champagne, près l'Isle-Adam.*

Signé à droite.

Toile. Haut., 41 cent.; larg., 33 cent.

VOGLER (P.)

47 — *Paysage : Effets de neige.*

Signé à gauche.

Toile. Haut., 65 cent.; larg., 81 cent.

VOIGT (A.)

48 — *Troupeau de moutons.*

Signé à droite.

Toile. Haut., 38 cent.; larg., 55 cent.

VOLLON (A.)

49 — *Pêches, raisins, prunes.*

Signé à droite.

Rentoilage. Haut., 24 cent.; larg., 32 cent.

VUILLEFROY (F. DE)

50 — *Vache dans un chemin.*

Signé à gauche.

Haut., 16 cent.; larg., 21 cent.

ZIEM

51 — *L'Embarquement.*

Signé à gauche.

Bois. Haut., 32 cent.; larg., 53 cent.

AQUARELLES

PASTELS, DESSINS

ANDRIEUX

52 — *L'Assaut.*

Aquarelle.

Vue. Haut., 29 cent.; larg., 37 cent.

DELOY (GUSTAVE)

52 *bis* — *Fête foraine.*

Aquarelle.

DOUCET (L.)

53 — *Tête de Femme.*

Cachet de la vente à gauche.
Pastel et gouache.

Haut., 49 cent.; larg., 38 cent.

GUILLAUMIN

54 — *L'Abreuvoir du village.*

Signé à droite.
Pastel.

Haut., 60 cent.; larg., 46 cent.

JACQUET (G.)

55 — *Femme en chapeau de paille.*

Signé au milieu, à droite.
Pastel.

Vue. Haut., 60 cent. ; larg., 48 cent.

JONGKIND

56 — *Paysage.*

Signé à gauche.
Daté Saint-Clair, 25 août 1865.
Aquarelle.

Vue. Haut., 21 cent.; larg , 30 cent.

JONGKIND

57 — *Paysage.*

Signé à gauche.
Daté à droite, 27 nov. 1885.
Aquarelle.

Vue. Haut., 9 cent ; larg., 12 cent.

JONGKIND

58 — *Une Maison.*

> Signé à gauche.
> Aquarelle.
>
> Vue. Haut., 26 cent.; larg., 14 cent.

MILLET (J.-F.)

59 — *Baigneuses surprises.*

> Dessin au crayon coulé.
> A droite, le monogramme de la vente.
>
> Vue. Haut., 26 cent.; larg., 3o cent.

POINTELIN

60 — *Sous Bois.*

> Signé à gauche.
> Fusain.
>
> Haut., 3o cent.; larg., 40 cent.

ROCHEGROSSE

61 — *La Tempête.*

> Illustration des *Trois Légendes d'or, d'argent et de cuivre.*

RIBOT (T.)

62 — *Paysage.*

> Signé à droite.
> Aquarelle.
>
> Vue. Haut., 24 cent.; larg., 15 cent.

TEN CATE

63 — *Canal en Hollande.*

Signé à droite.
Pastel.

Vue. Haut., 25 cent.; larg., 40 cent.

VIERGE (Daniel)

64 — *Attaque des Anglais, embarrassés par des fils de fer.*

Plume et lavis.

Haut., 36 cent.; larg., 48 cent.

WORMS (J.)

65 — *Rabbin alsacien.*

Dessin mine de plomb.
Signé à droite.

Vue. Haut., 33 cent.; larg., 20 cent.

BRONZE

HÉBERT (E.)

66 — *La Sorcière.*

Épreuve unique.

Socle compris. Haut., 75 cent.

www.ingramcontent.com/pod-product-compliance
Lightning Source LLC
LaVergne TN
LVHW020854200726
843508LV00003B/1198